料理のプロに
こっそり教わる

簡単！ 絶品！ 毎日食べても飽きない！

ごちそう煮たまご

源川暢子
料理監修 吉田麻子

フローラル出版

おいしい
煮たまごがあれば、

それだけで
ちょっと得した気分

半熟ゆでたまごを“漬けるだけ”で完成！
簡単でおいしい煮たまごは、
食卓にあると、ちょっと嬉しくなる存在。
「今すぐ作ってみたい」「うちの定番にしたい」
そんなレシピがきっと見つかるはず。

この本は、一冊まるごと「煮たまご」の料理本です。

え、煮たまごだけ？
煮たまごは大好きだけれど、レシピってそんなにあるの？
そんな声が聞こえてきそうですが、実は煮たまごはバリエーションが広い料理なのです。

ここでご紹介している煮たまごは、おでんや豚の角煮などでよく見かける“煮汁の中でことこと煮込む”つくり方ではなく、半熟ゆでたまごを色々な漬け汁や調味料に漬け込んだり、まぶしたりして味を付けるスタイル。
「半熟ゆでたまごを漬けるだけ」というごくシンプルなつくり方だからこそ、そこから生まれるおいしさは無限大です。

＼ ぷるんとつややか ／

＼ とろ〜り半熟 ／

え、あの人が煮たまご!?
料理のプロが
本気でつくった
とっておきのレシピ

そんな煮たまごのレシピを、食のプロフェッショナルたちが本気で考えてくれました。

この本に登場してくれたのは、料理家の吉田麻子さん、半熟煮たまご元祖のラーメン店「ちばき屋」の千葉憲二さん、ハイボールが名物のバー「銀座ロックフィッシュ」の間口一就さん、そしてミシュラン二つ星を3年連続で獲得する「レストラン・オマージュ」の荒井昇さん。

料理のプロが本気で考えた煮たまごだから、おいしさは間違いなし。

ラーメン店でおなじみのしょうゆ味の定番の煮たまごはもちろん、バーのおつまみ、高級フランス料理の一品、そして世界各国風のアレンジ煮たまごまでご紹介。一見簡単なレシピでも奥が深く、きっと「もう一度食べたい」「うちの定番料理にしたい」と思うはず。

いつものごはんにも、ちょっとお酒のつまみがほしいときにも、ホームパーティーにも、あると断然うれしい煮たまごレシピが揃っています。

ぜひ、あなたのお気に入りを見つけてください。

目次

Part 2

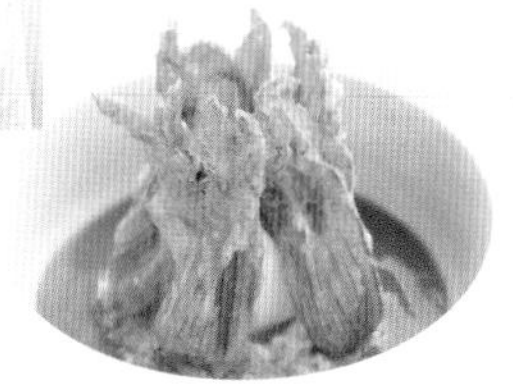

Part 3

あるとうれしいレシピが勢ぞろい！
料理家・吉田麻子さんが教える
煮たまごde世界旅行！

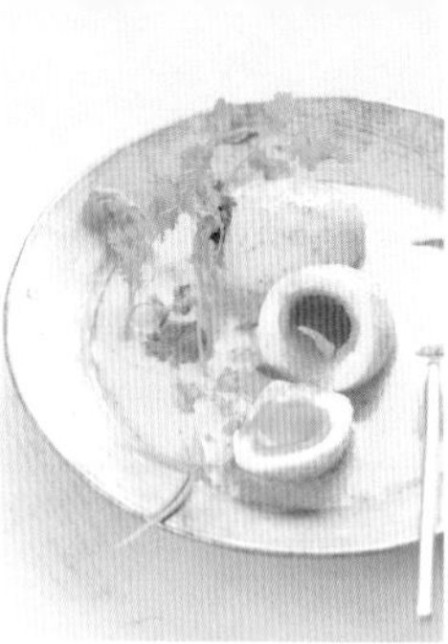

この本の使い方

●たまごはMサイズ（殻付きで58〜64g、正味約50g）を使っています。

●「小さじ1」は5㎖、「大さじ1」は15㎖、「1カップ」は200㎖です。

●調味料について
砂糖は記載があるもの以外はきび砂糖を使っています。塩は天然塩（海塩）、酢は記載があるもの以外は米酢、または穀物酢を使っています。しょうゆは「薄口しょうゆ」と記載があるもの以外は「濃口しょうゆ」を使っています。みそは種類によって塩分に差があるので、適宜調整をしてください。バターは、無塩バターを使っています。有塩バターをお使いの場合は、塩分の調整を行ってください。

●だし汁、だしパックは、昆布とかつおの混合だしです。あごだし、しいたけなどお好みのだしや、だしパックを使っても構いません。

●電子レンジの加熱時間は、500Wを基準にしています。600Wの場合は0.8倍、700Wの場合は約0.6倍にしてください。オーブントースターは、1000Wを基準にしています。お使いの機種によって多少差がありますので、様子を見ながら加熱してください。

●電子レンジやオーブン、ミキサー、ハンドブレンダーなどの調理家電をご使用の際は、お使いの機種の取扱説明書にしたがって使用するようにしてください。

Part
1

初めてでも失敗しない!

簡単で、
おぼえやすい!
ずっと使える
黄金の煮たまご

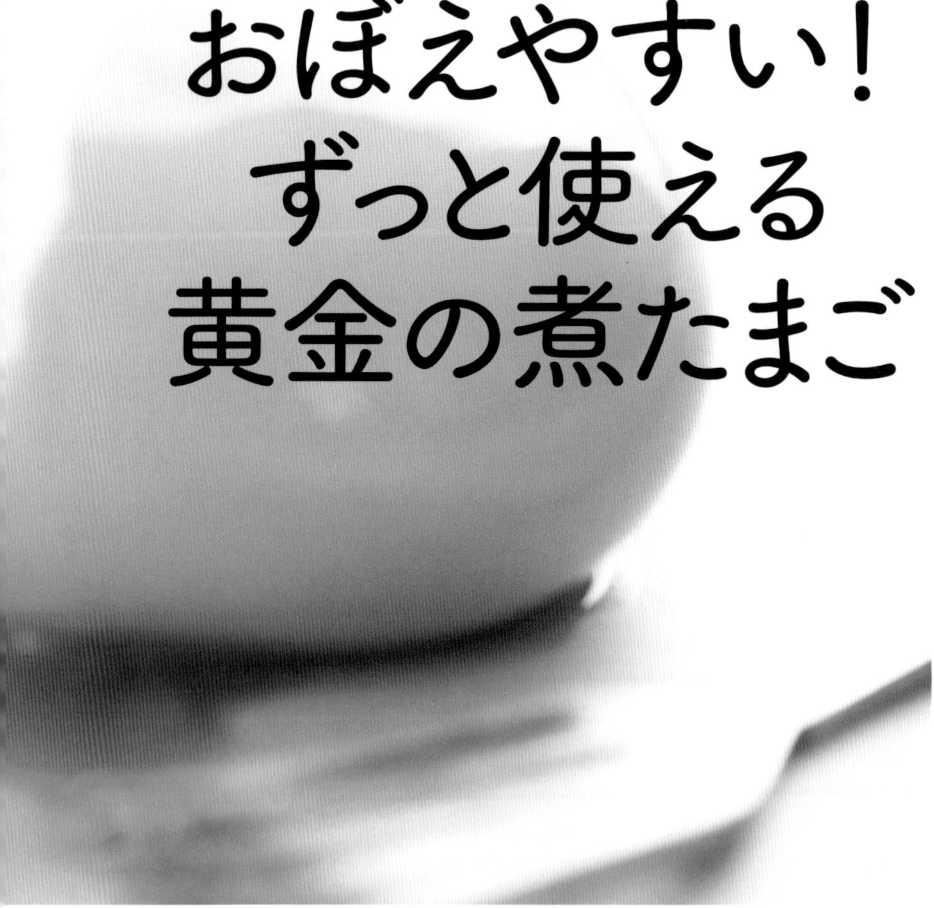

ただおいしいだけでなく、何回食べても飽きのこない味。
そんな煮たまごをつくってみたいと思いませんか？
煮たまごのおいしさのカギは、半熟ゆでたまごと漬け汁のバランス。
硬すぎず、やわらかすぎず、ちょうど良い食感のたまごと
うま味がありながら、少しあっさりめの漬け汁。
1日、2日と漬けた後でも味が濃くなりすぎないのもうれしい。
おぼえておくと便利で、応用もきくレシピです。

半熟ゆでたまご、成功の極意

1. たまごは冷蔵庫から出したて
2. 沸騰した湯に入れて6分30秒
3. 氷水で急冷する

ベストは6分30秒！

おいしい煮たまごをつくるなら、
ゆでたまごからこだわりたい！
表面はつるん、ぷるんと適度にやわらかく、
切ると卵黄がとろ～りと流れ出る。
そんな、絶妙なバランスの半熟ゆでたまごが
誰でも簡単につくれる方法をご紹介します。

まずは、基本の半熟ゆでたまごをつくろう

1

冷蔵庫から出したてのたまごを使う

たまごは、冷蔵庫から出したての冷たい状態でゆで始める。今回、サイズはＭ玉を使用。

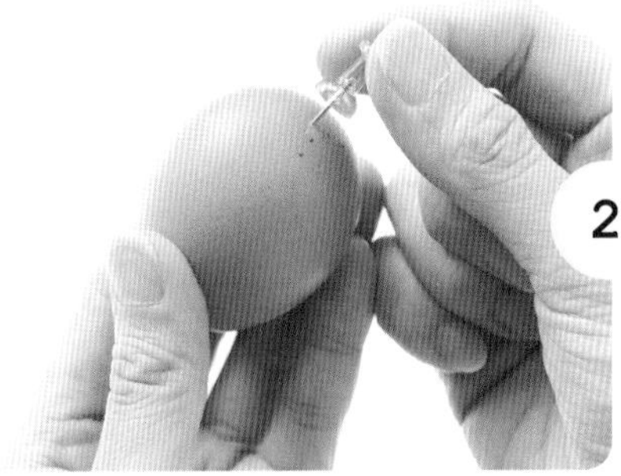

2

お尻の部分に小さな穴をあける

ゆでたまごをきれいにむくため、押しピン（画鋲）や、市販されている専用の穴あけ器（右）で、たまごのお尻の部分（ふくらんでいる方）に穴をあける。

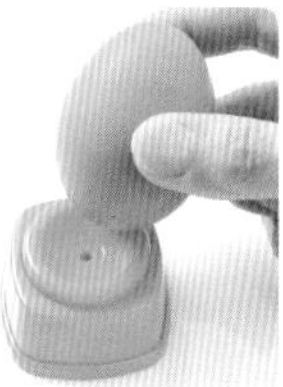

3

鍋に水を入れて沸騰させる

Ｍ玉のたまご4個に対して、水の分量の目安は約600㎖。割れを防ぐため、たまごをゆでているときに転がりすぎない程度の小ぶりの鍋を選び、火にかけ沸騰させる。

4

たまごを静かに入れる

沸騰したら少し火を弱め、たまごを網じゃくしなどにのせて静かに鍋に入れる。ここで殻にヒビが入ると、ゆでている間に卵白が流れ出てしまうことがあるのでやさしく。

5

再び沸騰してから6分30秒

冷たいたまごを入れると一旦湯温が下がるので、再び強火にして沸騰してからタイマーをスタート。沸騰後は中火にして、最初の1分ほどは卵黄が偏らないよう菜箸でたまごを軽く転がす。

6 ゆであがったら急冷する

大きめのボウルに氷水をはり、ゆであがったたまごを急冷する。急冷することで、たまごに余熱で火が入ることを防ぎ、膨張したたまごが冷水で収縮するため殻がむきやすくなる。

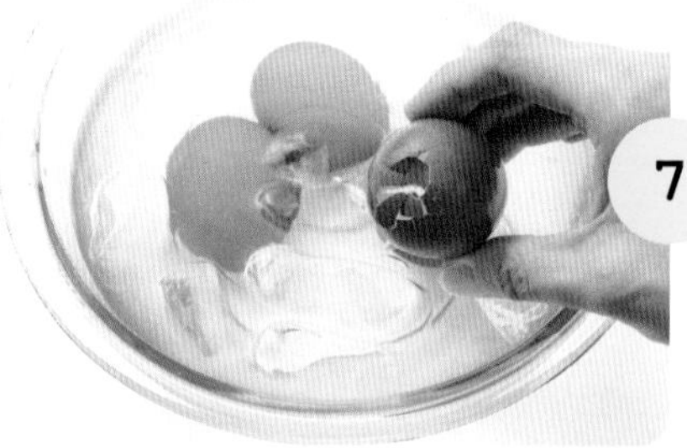

7 たまごの殻にヒビを入れる

たまごの殻にヒビを入れて、再び冷水に戻す。殻と卵白の間に水が入ることで、さらにきれいに殻がむける。冷やす時間は5～10 分とると良い。

8 水の中で殻をむく

冷ましたゆでたまごは、水の中で殻をむくと失敗が少ない。たまごの種類、大きさなどによっても差が出る場合があるが、このやり方なら、ほぼ失敗はなし。

9 よく切れる包丁でカットする

よく切れる包丁を使い、刃を手前にすっと引くようにカットするとたまごをつぶさずきれいに切ることができる。断面を美しくしたい場合は、細い糸を使っても良い。

基本の
半熟ゆでたまご動画は
こちらから！

ゆで加減は長め？ 短め？

自分の好みで選んでみよう

ゆで時間を
コントロールすれば、
利用範囲が
ぐんと広がります！

基本の半熟ゆでたまごをおぼえたら、自分の好みや用途に応じてゆで時間を調整してはいかが？ やわらかくとろとろの半熟加減がお好みの方は、さらにゆで時間を短めに。ゆで時間が長くなるにつれて、卵白のやわらかさや卵黄のねっとりとした食感は少なくなりますが、扱いやすさは増します。半熟煮たまごは漬け汁に漬けたままなら冷蔵庫で3日、漬け汁から出したらすぐに食べるのがベターですが、しっかりと火を通したゆでたまごを使えばお弁当のおかずなど時間をおいて食べるときにもおすすめです。

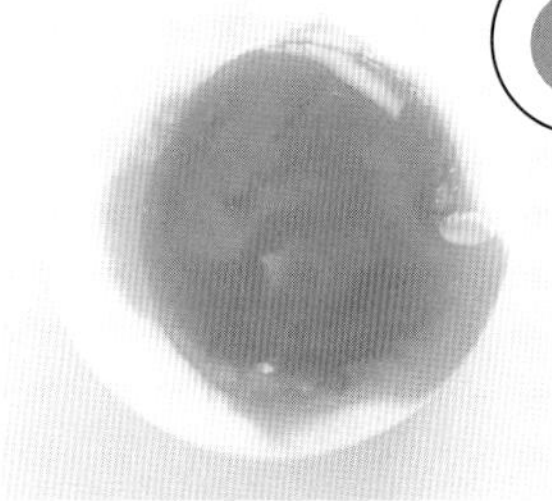

6分

6分30秒よりも、さらに卵黄と卵白はやわらかめ。ナイフで切ると、卵黄がソースのように流れ出る。やわらかいため、たまごが自重で割れやすい。

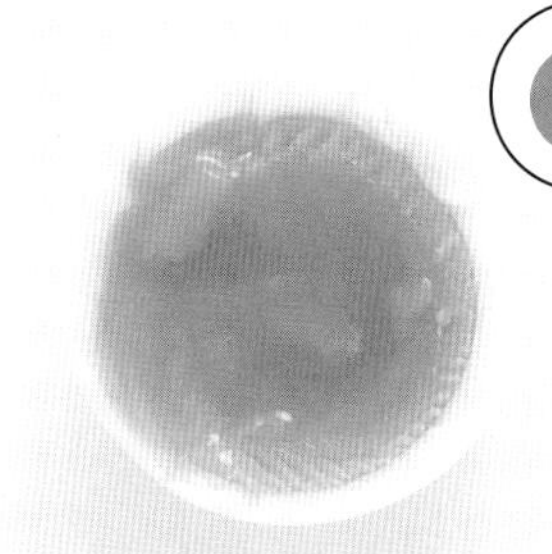

7分

6分30秒よりも、卵黄の端の固形の部分が増えるため、切るときなどは扱いやすくなる。卵黄はねっとりした食感に近くなってくる。

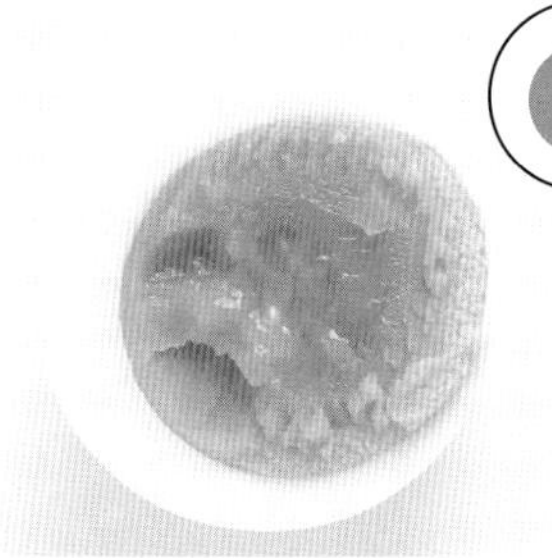

8分

卵黄はつややかなゼリー状で、端の部分は硬くなってくる。切ったときに卵黄が流れ出ないので、ラーメンや煮込み料理に入れてもつゆが濁らない。

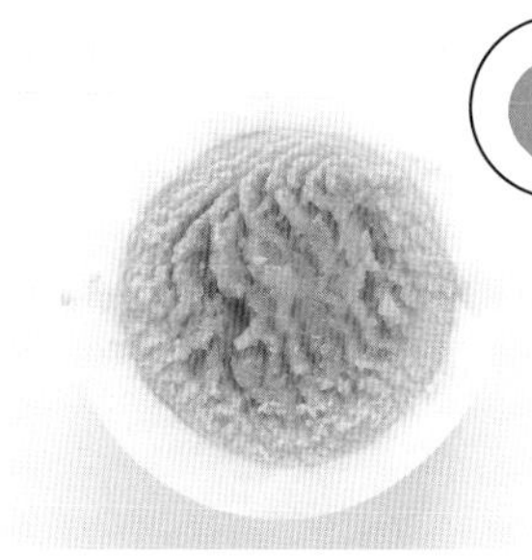

10分

卵黄が固まり、ほぼかたゆでたまごに近い状態になる。卵白もしっかりと固まっているため、輪切りやくし切りなどにしやすい。

料理家
吉田麻子さんの「黄金の煮たまご」

理想の半熟ゆでたまごが
準備できたら、あとは〝漬けるだけ〟。
最初は、オールマイティに使える
しょうゆ味の煮たまごをおぼえておきましょう。
だしの風味がきいた、「黄金の煮たまご」を
料理家の吉田麻子さんに
教えていただきます。

吉田麻子（よしだ・あさこ）

大阪生まれ。辻調理師専門学校をはじめ、数々の料理専門学校で学び2012年に活動をスタート。“予約が取れない料理教室”として評判の「吉田麻子料理教室」を主宰するほか、企業のメニュー開発や監修、テレビ、雑誌などで幅広く活躍中。著書に『ちゃんとおぼえたい和食』、『吉田麻子の簡単、おいしい魚料理』（ともに秀和システム）などがある。

そのままでも、料理に添えてもOK！常備しておきたい「黄金の煮たまご」

和食はもちろん、洋食にも酒の肴にもオールマイティに楽しめるのが「黄金の煮たまご」。冷蔵庫でひと晩漬けて、ほどよく味がしみたら食べごろです。しっかりめの味がお好みの人は、もう少し漬け時間を長くしてもOK。冷蔵保存で3日以内に食べきりましょう。

<< 「黄金の煮たまご」動画はこちらから！

だしの風味が上品な正統派「黄金の煮たまご」をつくろう

つくり方

1 鍋に分量の水としょうゆ、みりんを入れて沸かす。

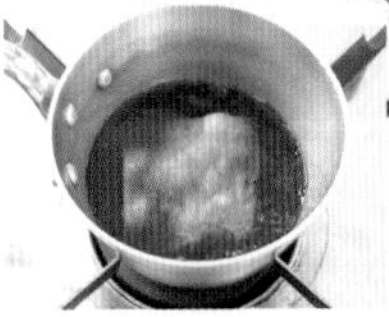

2 沸騰したらだしパック（味のついていないもの）を入れ、グツグツしない程度の中火で2～3分煮出し、ふたをして火からおろし5分ほど蒸らす。

3 ❷をボウルなどに移して冷ましておく。

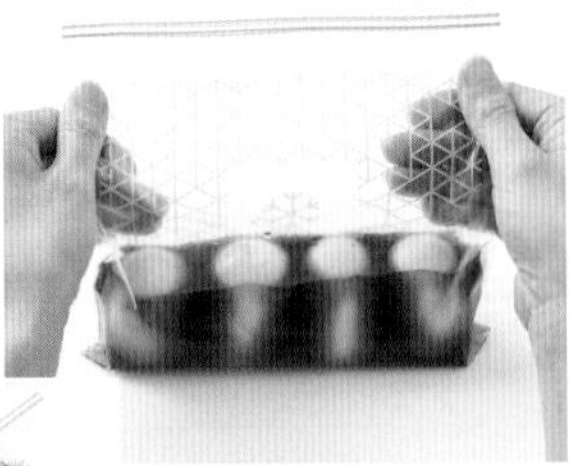

4 ジッパー付き食品保存袋に❸を注ぎ入れ、ゆでたまごを静かに入れたら余分な空気を抜きながら袋の口を閉じ、冷蔵庫でひと晩おく。袋をタッパーなどに入れると液こぼれの防止にもなる。

材料（4個分）

基本の半熟ゆでたまご……… 4個
（ゆで時間6分30秒）

漬け汁

水……… 100mℓ

しょうゆ……… 大さじ2

みりん……… 大さじ2

だしパック（味のついていないもの）
……… 1個

※ジッパー付き食品保存袋

定番料理が
もっと
おいしくなる！

黄金の
煮たまご
応用編
❶

ポテトサラダ 黄金の煮たまごのせ

市販のお惣菜にも使える！
いつものポテサラが
リッチな味わいに

材料（つくりやすい分量）

じゃがいも……中2個（約300g）
きゅうり……1本
ハム（スライス）……2枚
酢（お好みのもの）……大さじ1
ヨーグルト（無糖）……大さじ1
マヨネーズ……大さじ3〜4
マスタード……小さじ1
塩、こしょう……各適量
黄金の煮たまご……1個（1人分）

つくり方

❶じゃがいもは洗って皮ごと乾いたキッチンペーパーで包み、さらにラップフィルムで包んで電子レンジ（500W）で約6分30秒加熱する。串などを刺して、中までスッと通ればOK。

❷きゅうりは薄く輪切りにして塩もみし、キッチンペーパーで余分な水分をとる。ハムは短冊に切る。

❸❶は、熱いうちに皮をむき、マッシャーやフォークでつぶし、酢をかけて軽く混ぜたらヨーグルト、マヨネーズ、マスタードを加えてよく混ぜる。

❹❸に❷を加え、塩、こしょうで味を調える。

❺❹を器に盛り付け、黄金の煮たまごをのせてくずしながら食べる。

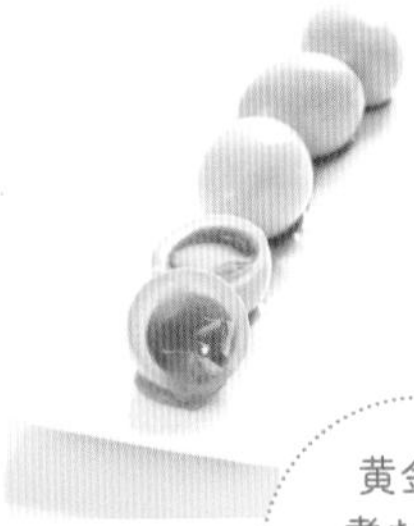

定番料理が
もっと
おいしくなる！

黄金の
煮たまご
応用編
❷

豚ばら肉とクレソンの和風おだしラーメン

和風ラーメン＆黄金の煮たまごは、毎日食べても飽きない！

材料（1人分）

豚ばら肉（薄切り）……3枚（約50g）
クレソン……6本
だし（お好みのもの）……300㎖
A 「黄金の煮たまご」の漬け汁……大さじ2
　塩……小さじ½
　こしょう……小さじ¼
中華麺……1袋（130g）
粗挽き黒こしょう（あれば。仕上げ用）……適量
黄金の煮たまご……1個

つくり方

❶豚ばら肉は、食べやすい大きさに切る。クレソンは根元を切って半分の長さに切る。
❷鍋にだしを入れて沸かし、Aの調味料と豚ばら肉を加えて加熱する。
❸豚肉が白っぽくなったらクレソンの軸の部分を入れて、ひと煮立ちさせ火を止める。
❹中華麺を表示通りにゆで、湯をしっかりきって温めておいた器に入れる。
❺❸を❹の器に注ぎ入れ、クレソンの葉の部分をのせて粗挽き黒こしょうを散らし、縦半分に切った黄金の煮たまごを添える。

定番料理が
もっと
おいしくなる！

黄金の
煮たまご
応用編
❸

牛肉の甘辛炒め

甘辛い味でごはんがすすむ！ 時短も魅力の定番おかず

材料（つくりやすい分量）

牛肉（切り落とし、こま切れなどお好みで）……… 200g
たまねぎ……… ½個
かいわれ大根……… 1パック
「黄金の煮たまご」の漬け汁……… 120㎖
砂糖……… 小さじ2
黄金の煮たまご……… 1個
七味唐辛子……… 適量

つくり方

❶牛肉は食べやすい大きさに切る。たまねぎは1㎝厚さのくし型に切る。かいわれ大根は、根元を切って水にさらし、キッチンペーパーで余分な水気をとる。
❷鍋に「黄金の煮たまご」の漬け汁と砂糖を入れて火にかけ、ひと煮立ちしたら弱火にして、たまねぎを入れて煮る。
❸たまねぎがしんなりしたら、牛肉を加えてさっと煮て火を止める。
❹器に❸を盛り付け、かいわれ大根を散らし、4等分のくし切りにした黄金の煮たまごを添えて七味唐辛子をふる。

<< 「牛肉の甘辛炒め」動画はこちらから！

たまご、ゆでたまご、煮たまごに関して、おいしく調理するためのポイント、
安全に楽しむための知識など、知っておくと役立つあれこれをご紹介します。

ゆでたまごの殻をきれいにむくためには？

①最初のポイントは、**ゆであがったたまごを急冷すること**。加熱で膨張したたまごが収縮するため、殻の内側にある薄皮（卵殻膜）との間にすき間ができてむきやすくなります。また、急冷することでたまごに余熱で火が入るのを防ぎ、理想のゆで加減でストップすることができます。きれいに仕上げるだけでなく、おいしさにもつながるコツです。

＼　失敗　／

②もうひとつのポイントは**たまごの鮮度**。ゆでたまごは、鮮度が良いものよりも古めのたまごの方がきれいに殻がむける、と聞いたことはありませんか？ それは、産卵から時間が経つにつれて、卵白に含まれる二酸化炭素が徐々に放出されるため殻の内側にすき間ができることが理由です。また、同じパックのたまごでも個体差が出ることがあるので、基本のつくり方でうまくいかないときは色々な種類のたまごを試してみるのもおすすめです。

たまごの賞味期限はどのくらい？

「食材は火を通した方が長持ちする」と思われがちですが、実はたまごの場合は逆です。これは、生たまごに含まれる殺菌作用を持つ酵素、リゾチームのはたらきが加熱することで失われるから。生たまごの賞味期限は、夏場は採卵後16日以内、春、秋は25日以内、冬は57日以内というのに対して、ゆでたまごの賞味期限について日本卵業協会ではこのように知らせています。「硬くゆでた場合10℃保管で殻にヒビのない場合3～4日、いつヒビが入ったかわからないものは食べるのを控え、**殻をむいたものはその日のうちに食べる**ことをお勧めします」

半熟煮たまごは冷蔵保存で3日を目安に！

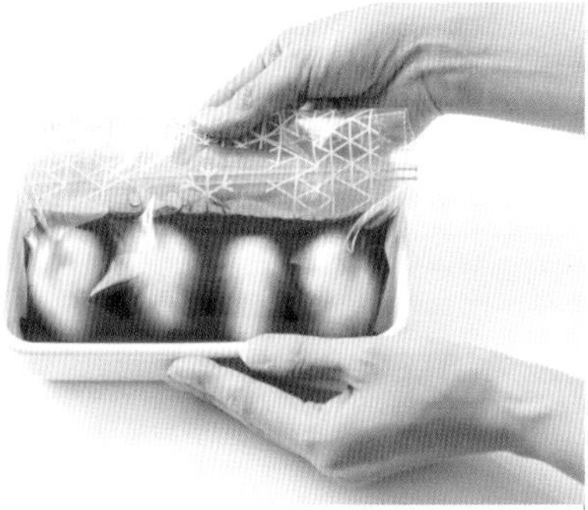

ゆでたまごは、殻をむいたものは「その日のうちに食べる」のが基本ですが、漬け汁にひたして煮たまごにすることで日持ちが長くなります。しょうゆ、みりん、酢、みそ、ウスターソースなど、しっかりした味の漬け汁にひたすことで雑菌の繁殖を抑えるはたらきがあるからです。日持ちは、半熟ゆでたまごを使う場合は**3日が目安**（かたゆでの場合は1週間以内）。ジッパー付き食品保存袋で保存する際は空気を良く抜き、漬け汁にたまご全体が浸るようにすると良いでしょう。

※参考資料／一般社団法人 日本卵業協会ホームページ「イキイキ元気、たまごライフ!」より http://www.nichirankyo.or.jp

半熟煮たまご
コトハジメ

煮たまご革命はここから始まった

ラーメンの“定番”を変えた!「ちばき屋」の半熟煮たまご

しょうゆ味がほどよくしみた半熟煮たまごは、
ラーメンに欠かせない具材のひとつとなっています。
実は、この組み合わせが人気になったのは1990年代。
長い間“かたゆでの煮たまご”が定番だったラーメン界に、
彗星のごとく登場したのが半熟煮たまごでした。
その生みの親である「ちばき屋」店主の千葉憲二さんに、
半熟煮たまご誕生のストーリーと
秘伝のレシピをお聞きしました。

一回にゆでるたまごは50個。「あえて、特別なたまごは使わないのが煮たまごをおいしく仕上げるコツ」だそう。洗濯用のネットに入れ、熱湯で7分50秒（夏）～8分30秒（冬）ゆでたら氷水で急冷する。

「ほら、ぷるんぷるんで赤ちゃんのほっぺみたいでしょう？ ゆでたまごは、このくらいのやわらかさが理想なんだよね」と千葉さん。

自由な発想で「おいしいもの」を追求する千葉さん。トリュフの風味が贅沢な「トリュフ塩煮たまご」は、未来の人気商品になるかも？

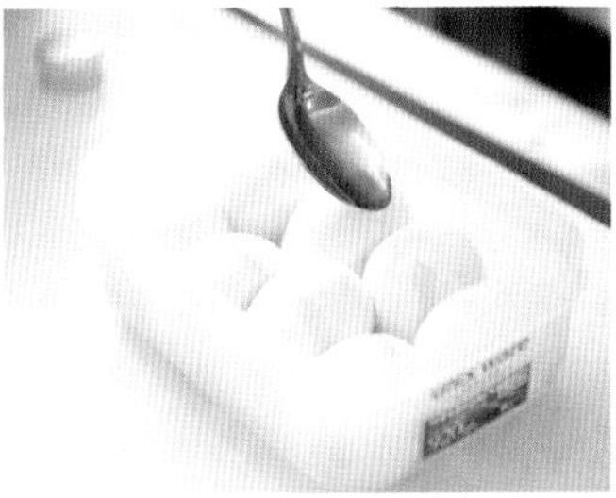

水、しょうゆ、砂糖、昆布などを合わせた漬け汁にひと晩漬けて完成。多い時は、1日に1000個つくったこともある。2日、3日おいても卵白が締まらないのがポイントだ。

「煮たまごは、ただのトッピングじゃなくて立派なひとつの料理。ラーメン店を始めるときに、スープや麺と同じように、煮たまごにもちゃんと向き合ってこだわろうって考えたんだよね」

　そう話すのは、東京・葛西に本店を構える「ちばき屋」の店主、千葉憲二さんです。

　和食の料理人として高級料亭で経験を積んだ千葉さんは、「まったく別のジャンルで新しい挑戦がしてみたい」と一念発起。1992年（平成4年）に、「ちばき屋」を開業しました。

　なぜ、和食からラーメン業界へ？というのは気になるところ。

　その頃独立を考えていた千葉さんは、テレビで有名ラーメン店「大勝軒」（池袋）の大行列を目にし、衝撃を受けます。

　「一杯のラーメンのおいしさを求めて、これだけの人が集ま

こだわりのスープ、麺
主役を引き立てる絶妙のバランス

＼ 秘伝公開! ／ 「ちばき屋」の煮玉子

材料（つくりやすい分量）

たまご ……… 10個

漬け汁

- 水 ……… 360mℓ
- しょうゆ ……… 90mℓ
- 砂糖 ……… 20g
- 昆布 ……… 適量
- うま味調味料 ……… 適量

つくり方

❶大鍋にたっぷりの湯を沸かし、常温に戻したたまごを夏場は7分50秒、冬場は8分30秒ゆでる。

❷ゆであがったら用意しておいた氷水で急冷し、殻をむき保存用の容器に入れる。

❸昆布を除いた漬け汁の材料を鍋で沸かし、❷に注ぎ入れたら軽く洗った昆布をのせ、キッチンペーパーで覆ってふたをし、冷蔵庫でひと晩おく。提供時は、てぐすできれいにカット。

千葉憲二（ちば・けんじ）

「ちばき屋」店主。宮城県気仙沼市生まれ。大学卒業後、東京・京橋の日本料理店「ざくろ」で料理人としてスタート。その後も日本料理店で経験を積み、「江島」（銀座。現在は閉店）の料理長に就任。同店の総料理長を経て、1992年にラーメン専門店「ちばき屋」を東京・葛西に開業。現在は、同店の支店のほか故郷・気仙沼市に「かもめ食堂」、銀座に「まかない㐂いち」を営む。

ってくる。単純にすごいことだし、改めて〝味だけで勝負する潔さ〟を感じました。それで、次はこれだ！とひらめいて（笑）」と、当時を振り返る千葉さん。

麺とスープを生かす究極の煮たまご

「ちばき屋」の看板メニューは「支那そば」。鶏や魚介のうま味が感じられるしょうゆ味のスープと細麺の組み合わせは、昔ながらの〝中華そば〟の懐かしさとともにしっかりメリハリのきいた味わいが魅力です。

スープと麺の個性を生かすべく誕生したのが、同店の「煮玉子」。

ラーメンとたまごの組み合わせは以前からありましたが、それまでは味付けなしのゆでたまごや、チャーシューのたれなどで濃いしょうゆ味が付けられた、かたゆでの煮たまごが定番でした。

「食べているときに、かたゆでたまごの黄身がスープに落ちるのが個人的に嫌いでね（笑）。せっかくのスープが濁っちゃうじゃない。だからスープの邪魔をせず、それだけでもおいしい煮たまごをつくろうというのが始まりです」

「ちばき屋」の「煮玉子」は、卵黄はようかんのような半熟。切ったときに卵黄がスープに流れ出ず、それでいてかたゆでのようなパサパサ感もなく、ねっとりとしてラーメンとなじみやすいように考えられたバランスが魅力です。さらに、2、3日漬けても味が濃くならず卵白が硬く締まらない「だしのきいた天つゆのような味をイメージしました」と千葉さん。

こうして生まれた半熟煮たまごは、まさにラーメン界にとって革命。今や、ラーメンに欠かせない存在となったこの一品には、それぞれの素材の持ち味を生かしつつ融合させる、和食の精神が息づいているのです。

ちばき屋 葛西本店

1992年にオープンした「ちばき屋葛西本店」は、メトロ東西線葛西駅から徒歩3分ほど。一番人気のメニューは、「支那そば(醤油・塩)」(780円)の「煮玉子」(120円)のせ。

●住所／東京都江戸川区東葛西6-15-2　●電話／03-3675-3300　●営業時間／月～金11:30～14:45、17:00～23:00　土11:30～23:00(日・祝～22:45)　年中無休

https://www.chibakiya.jp

Part 2

新しくておいしい！
煮たまごの魅力を堪能

ミシュランシェフ&カリスマバー店主

達人たちの珠玉の煮たまご

ハイボールの達人

銀座　ROCK FISH

間口一就さん

ゆでたまごと漬け汁、というシンプルな仕立てだからこそ、煮たまごのアイデアは自由自在。
では、人気のレストランやバーだったら、どんな煮たまごが食べられるだろう…？
そんな思いつきから、2人の達人にオリジナルの煮たまごをつくっていただきました。
〝ハイボールの聖地〟と呼ばれるバー「銀座ロックフィッシュ」の店主、間口一就さん。
ミシュラン二つ星フランス料理「レストラン・オマージュ」オーナーシェフの、荒井昇さん。
プロならではの感性が光る、煮たまごの世界をお楽しみください。

フレンチの達人

Restaurant Hommage

荒井　昇さん

ハイボールの達人！
「銀座 ROCK FISH（ロックフィッシュ）」
店主・間口一就さんの

ハイボールが10倍おいしくなる

簡単！ 絶品！ オリジナル おつまみ煮たまご

看板のハイボールだけでなく、“ここだけにしかない”
オリジナルのおつまみを目当てに訪れるお客様も数多い「銀座ロックフィッシュ」。
店主の間口一就さんがつくってくれたのは、
うずらのたまご水煮を使ったひと口サイズのおつまみ煮たまご。
見た目もキュートで食べやすく、
ハイボールのすすむ4種類のおいしさはやみつきになりそう。

甘酸っぱい韓国味噌がクセになる小粋なおつまみ

フライドエッグの 酢コチュジャン和え

材料（つくりやすい分量）

うずらのたまご（水煮）……12個
薄力粉……20g
片栗粉……20g
炭酸水……40g
チョコチュジャン（酢コチュジャン）……10g
とんかつソース（中濃ソース）……10g
揚げ油（あれば、太白ごま油）……適量
黒こしょう……適量

つくり方

❶ボウルに薄力粉、片栗粉、炭酸水を合わせて衣をつくる。
❷チョコチュジャン、とんかつソースを合わせて漬けだれをつくる。
❸水気をきったうずらのたまごを①の衣にくぐらせ、180℃に熱した油で表面が色付くまで1分ほど揚げる。
❹③の油をきって②をまぶし、黒こしょうをふる。

チョコチュジャンは、韓国でポピュラーないわゆる酢味噌。市販のものが見つからない場合は、コチュジャンに酢、砂糖、ごま、にんにくなどをお好みで合わせるとつくれます。とんかつソースと同量で合わせた漬けだれは、酸味、甘味、うま味の三位一体で揚げたまごと相性抜群。ハイボールのキリッと清々しい味わいが際立ちます。

ごまみそ煮たまご

材料（つくりやすい分量）

うずらのたまご（水煮）……… 12 個

みそ（お好みのもの）……… 20g

ごま油（焙煎）……… 3g

つくり方

❶みそに、ごま油を加えてよく混ぜる

❷❶をジッパー付き食品保存袋に入れ、水気をきったうずらの卵を加えてよくからめる。

❸空気を抜きながら袋の口をしっかり閉じ、冷蔵庫で約1日漬け込む。

酒粕スモークパプリカ煮たまご

材料（つくりやすい分量）

うずらのたまご（水煮）……… 12 個

酒粕 ……… 20g

塩 ……… 小さじ½

スモークパプリカ（パウダー）……… 小さじ½

ドライパセリ ……… 適量

つくり方

❶ボウルに酒粕、塩、スモークパプリカを加えてよく混ぜる。

❷❶に水気をきったうずらのたまごを加え、軽くなじませたらジッパー付き食品保存袋に入れ、冷蔵庫で1日おく。

キリッと鮮烈な風味！
世界一の
ハイボールと楽しむ
新感覚の煮たまご

銀座　*ROCK FISH*

うずらスコッチエッグ

材料（つくりやすい分量）

うずらのたまご（水煮）……… 12 個

コンビーフ ……… 1缶（約 100g）

マヨネーズ ……… 5g

からし ……… 5g

トマトケチャップ ……… 5g

白炒りごま ……… 30g

つくり方

❶コンビーフをボウルに入れてよくほぐし、マヨネーズ、からし、トマトケチャップを加えてよく混ぜる。

❷❶を 12 等分してラップフィルムにのせ、うずらのたまごが包める程度の板状にのばす。

❸❷の生地の上に水気をきったうずらのたまごをのせ、ラップごと包み形を整える。

❹ラップをはずし、表面に白炒りごまをまぶす。カットする場合は、冷蔵庫で 30 分ほどおくときれいに切れる。

ごまみそ煮たまご
酒粕スモークパプリカ煮たまご
うずらスコッチエッグ

間口一就（まぐち・かずなり）

「銀座 ROCK FISH（ロックフィッシュ）」
店主
愛媛県南宇和生まれ。学生時代より大阪のバーで働き、2000 年に大阪・北浜に「ロックフィッシュ」をオープン。2002 年に東京・銀座に出店。看板商品の「角ハイボール（ダブル）」とともに、オリジナルのおつまみも評判を呼ぶ。著書に『バーの主人がこっそり教える味なつまみ』（柴田書店）、『バーの主人がひっそり味わってきた 酒呑み放浪記』（秀和システム）など。

「銀座 ROCK FISH（ロックフィッシュ）」●住所／東京都中央区銀座 7-3-13 ニューギンザビル１号館7F ●電話／03-5537-6900 ●営業時間／月～金 14：00 ～ 21：30　土・日・祝 14：00 ～ 18：00　年中無休

〝ハイボールの聖地〟と呼ばれる、「銀座ロックフィッシュ」。コリドー街からほど近いビルの7階にあるお店は、看板もなく隠れ家的な存在ですが、世界一とも絶賛されるハイボールを求めて毎日多くのファンが訪れます。

　名物は、「角ハイボール（ダブル）（1150円）」。ごく普通のハイボールに慣れている人は驚くかもしれませんが、このハイボールには氷が入っていません。それは、グラス、ウィスキー、炭酸のすべてが入念に冷やしてあるから。

薄手で口あたりの良いグラスに注がれたハイボールは、まずレモンピールの爽やかな香りが漂い、キレの良さとともに広がる深く心地よい味わいが魅力です。

　そして同店のもう一つの名物は、店主の間口一就さんが日々開発しているオリジナルのおつまみ。オイルサーディンやポテトサラダ、ホットサンドなど、親しみやすいアイテムなのにひと味違うセンスが秀逸なおつまみは、ハイボールのおいしさをさらに引き立ててくれます。

　間口さんのおつまみ煮たまごは、「誰でも簡単においしくつくれるように」うずらのたまご水煮を使った4品。天ぷらのように揚げたたまごに韓国の酢味噌（チョコチュジャン）をからめたり、酒粕とスモークパプリカを合わせたたれに漬けたり、「スコッチ・エッグ」をうずらのたまごでひと口サイズに仕立てたり。簡単なのに「あれ？ちょっと違うよね」という味は自慢できること間違いなし。お家飲みの名パートナーとして、ぜひ試してみたい逸品です。

ミシュラン二つ星フレンチ！
「レストラン・オマージュ」
オーナーシェフ・荒井 昇さんの

伝統とインスピレーションが融合する
プレミアム
フレンチ煮たまご

「煮たまごは大好き。ラーメンを食べに行ったら、煮たまごトッピングは欠かせません（笑）。つくる人によって、〝その人なりの煮たまご〟が生まれるのが面白いところですね」

　そう話すのは、「レストラン・オマージュ」のオーナーシェフ、荒井昇さん。

　浅草駅から徒歩10分ほど。浅草寺界隈の喧騒を抜け、下町情緒が色濃く残る住宅街の一角にあるこのお店は、フランスの星付きレストランで経験を積んだ荒井さんが帰国後すぐに開業。「自身が生れ育った浅草から、日本ならでは、東京ならでは、そして自分ならではのフランス料理を発信したい」という想いが込められています。「ミシュランガイド東京」では2018年から3年連続で二つ星を獲得し、文字通り東京を代表する名店のひとつとなっています。

　荒井さんの煮たまごは、まさにプレミアム。まず、煮たまごには見えない斬新な仕立て、色合いに驚かされます。

　ピクルス液に漬け込んだ煮たまごは、キャビアがのせられズッキーニの花のベニエでつぼみのように周囲を覆われている一品に。

　濃厚なボルドー色が印象的な赤ワインソース煮たまごは、卵黄の部分にもソースを注入し、〝ナイフで切るとソースが流れ出る煮たまご〟に仕立てています。

　ミシュランシェフの技を実感できる繊細な煮たまごに、ぜひ一度挑戦してみてください。

荒井 昇（あらい・のぼる）

「レストラン・オマージュ」オーナーシェフ
東京・浅草生まれ。都内レストランでの修業を経て24歳で渡仏。オーベルジュ「ル・クロ・デ・シーム」（現「レジス・エ・ジャック・マルコン」）、「オーベルジュ・ラ・フニエール」など星付きレストランで経験を積む。2000年に帰国後、生まれ育った土地である浅草に「レストラン・オマージュ」を開業する。ミシュランガイド2018年版にて二つ星を獲得。

「レストラン・オマージュ」●住所／東京都台東区浅草4-10-5 ●電話／03-3874-1552 ●営業時間／ランチ11：30～12：30L.O.　ディナー18：00～20：00L.O. ●定休日／月曜日、火曜日●予算／ランチ1万円～、ディナー2万円～のおまかせコース
http://www.hommage-arai.com

煮卵のピクルス
スモークしたチョウザメのリエットと
オシェトラキャヴィア
ズッキーニのクーリ

一瞬、これは何？ と驚かされる一品。花のつぼみのように盛り付けられた花ズッキーニのベニエ（フランス風の天ぷら）を開くと、上にキャヴィアをたっぷりとのせたフレンチ風の煮たまごが現れます。半熟ゆでたまごを、白ワインビネガー、グラニュー糖、ハーブ、スパイスなどを合わせたマリナード（ピクルス液）にひと晩漬け込んだ「マリナード煮たまご」は、たまごのまろやかさにビネガーの酸味が加わりマヨネーズのような味わいに。キャビアの塩味とうま味、ベニエのサクッとした食感、そして下に敷いたチョウザメのリエットとズッキーニのピュレと合わさることで、味の変化や奥行きが楽しめます。 （←つくり方は P.42）

chef's advice —— Restaurant Hommage

たまごはゆで時間 4 分 30 秒と短めなので、ゆでたてはかなりやわらかいですが、マリナードに漬けることで身が締まってきます。サラダ、フライや天ぷらなどの揚げ物、鶏肉のソテーなどさっぱりとしたアクセントがほしいときにおすすめです。真空パック専用の道具がない場合は、ジッパー付き食品保存袋で空気をしっかりと抜いて長めに（1日程度）漬けます。

赤ワインの香る煮卵
潰したじゃがいもとセップ茸、
パルメザンチーズのソース

深みのあるボルドー色の煮たまごに、まずびっくり。赤ワイン、赤ポルト酒などを合わせたソースにひと晩漬け込んだ赤ワインソース煮たまごは、そのままでも強烈な存在感があります。荒井シェフは、食用注射器を使ってこの煮たまごの卵黄と、とろみをつけた赤ワインソースを入れ替え、切るとソースがとろりと流れ出るプレミアムな煮たまごをつくりました。バターと生クリームの風味が豊かな、豚ばら肉の塩漬けやきのこ、じゃがいもなどのソテー、じゃがいもの皮のスープを泡状にしたものなどを添え、フランス料理らしい華やかな前菜に仕立てました。 (←つくり方はP.43)

chef's advice —— *Restaurant Hommage*

赤ワインソース煮たまごも、マリナード煮たまごと同様に漬けることで身が締まってきます。赤ワインの風味が魅力なので、チーズ、ソーセージやベーコン、ラタトゥイユなどと合わせると、洒落たワインのおつまみとして楽しめます。漬け汁を煮つめてくず粉やバターを加えた赤ワインソースは、煮たまごにかけるだけでもおいしいです。

煮卵のピクルス
スモークしたチョウザメのリエットとオシェトラキャヴィア
ズッキーニのクーリ

材料（1皿分）

マリナード煮たまご……1個

A
- チョウザメのリエット（燻製にしたもの）……50g
- フロマージュブラン……50g
- シブレット（みじん切り）……3.5g
- エシャロット（みじん切り）……3.5g
- タバスコ……少々

ズッキーニ……1本

昆布だし……100mℓ

塩……適

ズッキーニの花のベニエ……適量

ペコロスのピクルス……適量

キャヴィア……適量

つくり方

❶チョウザメのリエット（ナラの木のチップで燻製にしたもの）をボウルに入れ、フロマージュブラン、シブレット、エシャロット、タバスコを加えて混ぜ合わせる。

❷ズッキーニは、昆布だしと合わせてブレンダーでピュレにし、塩で味を調える。

❸ズッキーニの花は、小麦粉、水を合わせた衣をまぶして油で揚げ、塩をふる。

❹皿の中央に直径6.5cmのセルクルをおいて❶を盛りつける。

❺マリナード煮たまごは、上部を少しカットして❹の上にのせ、キャヴィアを盛り付け、ペコロスのピクルスを飾る。

❻❹の周囲に❷を流してセルクルをはずし、煮たまごの周りを囲むように❸のベニエを盛り付ける。

マリナード煮たまご

材料（つくりやすい分量）

半熟ゆでたまご（ゆで時間4分30秒）……3個

ピクルス液（マリナード）
- 白ワインビネガー……250mℓ
- 水……300mℓ
- グラニュー糖……25g
- 塩……10g
- ローリエ……1枚
- 赤唐辛子……1本
- コリアンダーシード……2g

つくり方

❶冷蔵庫から出したてのたまごを、沸騰した湯で4分30秒ゆで、氷水で急冷して殻をむく。

❷ピクルス液の材料を鍋でひと煮立ちさせ、ボウルに移して氷水にあてて冷ます。

❸❷を真空パックの専用保存袋に注ぎ入れ、❶を加えて真空にして冷蔵庫でひと晩おく。

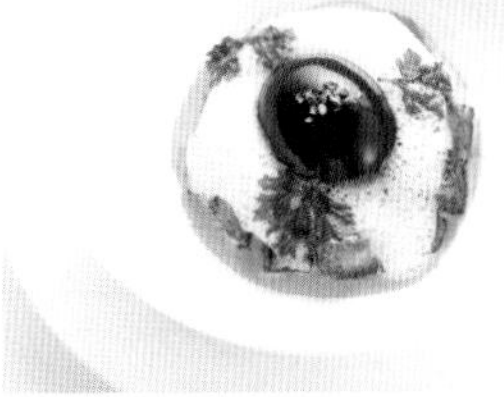

赤ワインの香る煮卵 潰したじゃがいもとセップ茸、パルメザンチーズのソース

材料（1皿分）

赤ワインソース煮たまご ……… 1個

ソース（つくりやすい分量）

- 赤ワインソース煮たまごの漬け汁 ……… 全量
- バター ……… 40g
- 本くず ……… 15g
- 塩 ……… 適量

付け合わせ

- 豚ばら肉（梅山豚）の塩漬け ……… 30g
- パン・ド・カンパーニュ ……… 15g
- セップ茸（ポルチーニ）……… 50g
- バター、オリーブオイル、白ワイン、鶏のブイヨン、生クリーム ……… 各適量
- じゃがいも ……… 1個
- パルメザンチーズ、塩 ……… 各適量
- 黒粒こしょう、パセリ ……… 各適量

赤ワインソース煮たまご

材料（つくりやすい分量）

半熟ゆでたまご（ゆで時間4分30秒）……… 3個

漬け汁

- 赤ワイン …800mℓ
- 赤ポルト酒 …600mℓ
- グラニュー糖 …80g

つくり方

❶冷蔵庫から出したてのたまごを、沸騰した湯で4分30秒ゆで、氷水で急冷して殻をむく。

❷漬け汁の材料を鍋で沸かし、600mℓまで煮詰めたらボウルに移し、氷水にあててしっかりと冷ます。

❸②を真空の専用保存袋に注ぎ入れ、①を加えて真空にして冷蔵庫でひと晩おく。

つくり方

❶赤ワインソース煮たまごの漬け汁を鍋で沸かし、バター、水で溶いた本くずを加えて混ぜ、とろみがついたら塩で味を調える。

❷食用注射器を2本用意し、まず赤ワインソース煮たまごの卵黄を少し抜きとり（全部抜きとらない）、代わりに①のソースを注入する。

❸バットの上に足つきの網を置き、②の煮たまごをのせて残りの①のソースを全体にかけてコーティングする。

❹付け合わせをつくる。じゃがいもは、洗って皮ごと岩塩（卵白を加えて混ぜ合わせたもの）で包み、220℃のオーブンで1時間焼く。

❺④の皮をむき、実の部分は2㎝角に切る。皮は、水に入れて煮出し、パルメザンチーズと塩で味を調えスープとする。

❻豚ばら肉の塩漬け、パン・ド・カンパーニュ、セップ茸はそれぞれ2㎝角に切り、⑤のじゃがいもの実と合わせてバターとオリーブオイルでソテーする。

❼④に白ワインを加えて加熱し、アルコール分を飛ばしたら鶏のブイヨン、生クリームを加えて塩で味を調える。

❽⑥を器に盛り、③の煮たまごをのせる。

❾⑤のじゃがいものスープを漉し、ハンドブレンダーで泡立てて⑧の周囲に盛り付ける。

❿煮たまごに砕いた黒粒こしょうをのせ、じゃがいもの泡に素揚げしたパセリを添える。

たまごは、1日にどのくらい食べていいの？
たまごは食べすぎるとコレスレロールが心配、たまごでダイエットできるの？
など、たまごに関する健康情報をお伝えします。

たまごの種類にも気を配って選んでみよう

スーパーマーケットや専門店で販売されているたまご、農場からのお取り寄せなど、たまごの銘柄によって殻の色や味わいは異なります。白、赤、ピンクといった殻の色の違いは鶏の種類によるもので、実は味や栄養価には関係はないそう。味の違いは飼料で決まります。どんな餌を食べている鶏かに注目して、たまごを選んでみても良いでしょう。

たまごは1日2個以上食べてはいけない？

「たまごは、コレステロールを増加させるから控えた方が良い」、「たまごは1日1個まで」、そんなことを言われた経験のある人は多いのではないでしょうか？

これは、1913年にロシアで行われたうさぎを使った実験結果がもとになっています。日本では、1981年に人体とコレステロールに関する研究として、健康な成人に1日5～10個のたまごを5日間連続して食べさせるという実験が行われました。その結果、1日に10個食べた人でも血中コレステロールの値はほとんど変化しないということがわかったのです。

また、近年の実験でも、普段の食事以外に1日にたまごを3個ずつ2週間にわたって食べ続けてもらった結果、コレステロール値にほとんど変化はありませんでした。

このように、たまごを食べても必ずしもコレステロールが増加するわけではありません。むしろ最近では、卵黄に含まれるレシチンが、LDL（悪玉）コレステロールを減らしHDL（善玉）コレステロールを増やすはたらきがあると言われています。日々の生活でたまごと上手に付き合いたいですね。

たまごでダイエットはできるの？

数年前、「ゆでたまごダイエット」というダイエット法が話題になったことがあります。ゆでたまごを積極的に食べて減量するというもので、芸能人が実践して成功したという例もありました。確かにたまごは完全栄養食と言われ、食物繊維とビタミンC以外のすべての栄養素を含んでおり、たんぱく質も最も良質とされています。さらに、たまご1個（60g）は81kcalと意外に低カロリー。きちんと栄養をとりつつ、ダイエットをしたい人には理想的な食品と言えるでしょう。ただ、いくらダイエットに効果的といっても食べすぎはカロリー過多になってしまうので注意が必要。おすすめの方法としては、朝食にたまごをとること。たまごの良質なたんぱく質を朝食にしっかりとると、血糖値を急上昇させず、腹持ちがよいため食べすぎを抑えてくれる効果もあります。

「お酒のつまみに煮たまご」で二日酔い防止！

写真右：黄金の煮たまご（P.19）
写真左：トマトサルサ煮たまご（P.88）

煮たまごはもちろん、たまごかけごはん、たまご焼き、オムレツなど、たまご料理はバリエーションが豊富。ごはんだけでなく、お酒のつまみにたまご料理を楽しむ人も多いのではないでしょうか。たまごに含まれるメチオニンは、肝臓でアルコールが分解されるときに必要なアミノ酸でもあります。このメチオニンは、二日酔いの薬にも必ず入っている成分。たまごには100gにつき約400mgも含まれていて、ほかの食品に比べてずば抜けて高い数値なのです。また、アルコールによる肝臓の炎症を抑えるはたらきのあるビタミンB2をはじめビタミンB群もたっぷり含まれているので、“お酒の友”の定番にしたいですね。

※参考資料／一般社団法人 日本卵業協会ホームページ「イキイキ元気、たまごライフ!」より http://www.nichirankyo.or.jp

料理家・吉田麻子さんが教える

世界旅行！

Part

3

あるとうれしいレシピが勢ぞろい!

煮たまご de

たまごをゆでて漬けるだけで、おいしさ色々。
世界中で愛されているたまごだから、
各国風の煮たまごがあったら、きっとおいしいはず。
そんな発想で、煮たまごのバリエーションをつくってみました。
アジア、ヨーロッパ、アメリカ、日本の定番の味や
各国の調味料などを使った"世界の煮たまご"と、
アレンジ料理を料理家の吉田麻子さんに教えていただきました。

China

ごまだれ煮たまご

担々麺風のコクのある味わいがお酒の友にぴったり!

材料（2個分）

半熟ゆでたまご（ゆで時間6分30秒）……… 2個

漬け汁

練りごま ……… 大さじ2
黒酢 ……… 小さじ2
しょうゆ ……… 小さじ2
砂糖 ……… 小さじ1
豆板醤 ……… 小さじ½

つくり方

❶練りごま、黒酢、しょうゆ、砂糖、豆板醤をジッパー付き食品保存袋に入れ、よく混ぜ合わせる。
❷❶に半熟ゆでたまごを加えて軽くなじませ、余分な空気を抜きながら袋の口を閉じる。
❸冷蔵庫で1時間ほどおくと食べられる。しっかり味をなじませたい場合はひと晩おくと良い。途中で袋の面を返して、漬け汁を均一に行き渡らせるのがポイント。

担々麺風の親しみやすい味わいは、そのままお酒のつまみとして楽しめます。料理と合わせるときは、漬け汁もたれとして一緒に使うと便利。豆腐、焼きそば、豚肉のしゃぶしゃぶサラダなどと相性が良い煮たまごです。

ごまだれ
煮たまごを
使って

ごまだれ煮たまご豆腐

冷やっこに添えて
ピータン豆腐風おつまみに

材料（つくりやすい分量）

ザーサイ……40g
ピーナッツ（ローストしたもの）……25g
パクチー……1枝
絹ごし豆腐……1丁（約300g）
ごまだれ煮たまご……1個

つくり方

❶ザーサイはみじん切りにする。ピーナッツ、パクチーは粗くきざむ。
❷ごまだれ煮たまごは、6等分のくし形に切る。
❸絹ごし豆腐はパックから出して水気をきり、食べやすい大きさに切って器に盛り付ける。
❹❸に❶を散らし、❷のごまだれ煮たまごを添え、漬け汁もかける。

ごまだれ
煮たまごを
使って

ごまだれ煮たまご炒麺

焼きそば×ごまだれ煮たまごは定番にしたい一品

材料（1人分）

干しえび……7g
水……大さじ2
しいたけ……2枚
しょうが……1かけ（約15g）
ごま油（焼きそば下焼き用）……大さじ½
焼きそば麺……1袋（130g）
紹興酒……大さじ1½
酢（お好みのもの）……大さじ½
塩……小さじ⅙
こしょう……適量
米油（あれば太白ごま油）……大さじ½
ごまだれ煮たまご……1個

つくり方

❶干しえびは流水で軽く洗い、ごみなどをとりのぞいて水気をきる。
❷❶をボウルに入れ、水を注ぎ30分～1時間ほど戻し粗みじん切りにする。干しえびの戻し汁はとりおく。
❸しいたけは石づきをとり、斜め薄切りにする。しょうがはみじん切りにする。
❹フライパンにごま油を熱し、焼きそばの麺を入れてほぐしながら広げ、両面にこんがりと焼き色を付けてとり出す。
❺❹のフライパンに米油（あれば太白ごま油）を熱し、❷と❸のしょうがを弱火で炒め、香りが立ったら、しいたけを加えて炒める。
❻❺に❹の焼きそばを戻し入れ、❷の干しえびの戻し汁、紹興酒、酢、塩、こしょうを加えて麺をほぐしながらよく炒める。
❼ごまだれ煮たまごをみじん切りにする。
❽焼きそばを皿に盛り付け、❼を漬け汁とともに添え、混ぜながらいただく。

煮たまご de 世界旅行！

China

オイスター煮たまご

中華の万能調味料で煮たまごのコクとうま味が増す

材料（2個分）

半熟ゆでたまご（ゆで時間6分30秒）……… 2個

漬け汁

オイスターソース ……… 大さじ2

しょうゆ ……… 小さじ⅓

つくり方

❶ジッパー付き食品保存袋にオイスターソースとしょうゆを入れ、半熟ゆでたまごを入れて軽くなじませる。

❷余分な空気を抜きながら、袋の口を閉じて冷蔵庫で保存する。

❸1時間～ひと晩漬ければ食べられる。途中、袋の面を返して漬け汁が均一に行き渡るようにするのがきれいに漬けるポイント。

かきの凝縮したうま味とコクが特徴のオイスターソース。実は、中華料理だけでなく洋食や和食のかくし味にも使い勝手の良い調味料で、煮たまごとも相性は抜群。しょうゆを少量加えることで、メリハリのある味わいになります。えびやいか、豚肉、牛肉などシンプルな中華風の炒めものをはじめ、焼きそば、ラーメン、ポテトサラダなどにプラスするのもおすすめです。

オイスター
煮たまごを
使って

えびとマッシュルームの炒めもの

おなじみの炒めものに煮たまごで変化を付ける

材料（2人分）

えび……8尾
酒……小さじ1
塩……小さじ¼
片栗粉……大さじ1
マッシュルーム……6個
米油……大さじ1
にんにく（みじん切り）……小さじ1
赤唐辛子……½本
A
- オイスターソース……小さじ1
- しょうゆ……小さじ2
- 水……小さじ2
- 片栗粉……小さじ⅓
- ごま油……小さじ1

オイスター煮たまご……2個
オイスター煮たまごの漬け汁……適宜

つくり方

❶えびは尾を残して殻をむき、背わたをとる。
❷❶に酒をふりかけてもみこみ、塩をふって片栗粉をまぶす。
❸マッシュルームは石づきをとり、縦½に切る。Aの調味料を合わせておく。
❹フライパンに米油を熱し、にんにくと赤唐辛子を弱火で炒める。香りが立ったら❷と❸のマッシュルームを加えて中火で炒め、鍋肌からAを加えたら火を強めて全体にさっとからめる。
❺❹を器に盛り付け、½に切ったオイスター煮たまごをのせ、漬け汁をかける。

煮たまご de 世界旅行!

Taiwan

ジャスミン茶煮たまご

台湾のソウルフードをアレンジ！　ジャスミン茶の風味がクセになる

材料（2個分）

半熟ゆでたまご（ゆで時間6分30秒）……… 2個

漬け汁

- ジャスミン茶（ティーバッグでもOK）……… 3g
- 水 ……… 200mℓ
- しょうゆ ……… 大さじ2
- 砂糖 ……… 大さじ1½
- 紹興酒 ……… 小さじ2

つくり方

❶小鍋に水を入れて沸かし、ジャスミン茶（ティーバッグの場合は袋を破る）を入れて中火で3分煮出す。

❷しょうゆ、砂糖を加えて火を止め、紹興酒を加えてあら熱をとる。

❸❷をジッパー付き食品保存袋に入れ、半熟ゆでたまごを加えて余分な空気を抜きながら袋の口を閉じる。茶葉が気になる人は、漬け汁をこしてもよい。

❹冷蔵庫でひと晩おく。途中で袋の面を返して、漬け汁を均一に行き渡らせるのがポイント。

台湾の屋台などで見かける味付けたまご「茶葉蛋」（チャーイエダン）をイメージした煮たまご。中国茶の香りとしょうゆ味で独特のさっぱりとした風味が楽しめます。ジャスミン茶以外にも、烏龍茶やプーアル茶を使っても良いですし、八角やシナモン、五香粉などを加えるとより本格的な風味に。豚の角煮や鶏手羽の煮込みなど、甘辛い煮込み料理と相性抜群です。

ジャスミン茶
煮たまごを
使って

鶏手羽先の黒酢はちみつ煮

甘辛い味わいの定番煮込みと
中国茶風味の煮たまごが相性抜群

材料（つくりやすい分量）

鶏手羽先 ……… 6本

A
- ジャスミン茶煮たまごの漬け汁 ……… 約230mℓ
- 水 ……… 約70mℓ（漬け汁と合わせて300mℓにする）
- 黒酢 ……… 150mℓ
- 酒 ……… 150mℓ
- しょうゆ ……… 40mℓ
- はちみつ ……… 大さじ3

ジャスミン茶煮たまご ……… 2個

からし ……… 適量

つくり方

❶鶏手羽先は、ざるなどに並べて熱湯をまわしかけ余分な脂や臭みをとる。

❷Aの材料を鍋で沸かし、❶を加えてふたをして中火で約20分煮込む。そのまま1時間ほど冷まして味を浸透させる。

❸❷とジャスミン茶煮たまごを器に盛り付け、からしを添える。

ジャスミン茶
煮たまごを
使って

煮たまごだれの揚げワンタン

ホームパーティーにもおすすめ!
煮たまごのたれで食べる揚げワンタン

材料（30個分）

ワンタンのあん

- しょうが……ひとかけ（15g）
- 長ねぎ（白い部分）……½本（約50g）
- セロリの茎……1本分
- むきえび……150g
- 紹興酒……大さじ1
- 豚ひき肉……100g
- ごま油……小さじ1
- 塩……小さじ½
- こしょう……適量

ワンタンの皮……30枚（1パック）
揚げ油……適量
ジャスミン茶煮たまご……1個
ラー油、酢、しょうゆ……各適量

つくり方

❶しょうが、長ねぎ、筋をとったセロリはみじん切りにする。むきえびは、紹興酒をまぶして包丁でたたき、粗いペースト状にする。
❷ボウルに❶と豚ひき肉、ごま油、塩、こしょうを入れ、粘りが出るまで練り混ぜる。
❸ワンタンの皮の中央に、❷を大さじ1杯のせ三角形に折る。皮の端に水を少し塗って空気が入らないようにはり合わせる。
❹ 180℃の油で3～4分、ワンタンがきれいに色付くまで揚げ、器に盛り付ける。
❺ジャスミン茶煮たまごをみじん切りにし、ラー油、酢、しょうゆとともに❹に添え、お好みでつけながらいただく。

煮たまご de 世界旅行!

Vietnam

ニョクマム煮たまご

アジアン料理好きにはたまらない発酵調味料のうま味が決め手

材料（2個分）

半熟ゆでたまご（ゆで時間6分30秒）……… 2個

調味料

ニョクマム ……… 大さじ1

水 ……… 50mℓ

レモン汁 ……… 大さじ1

砂糖 ……… 小さじ2

赤唐辛子 ……… 1本

つくり方

❶鍋に湯を沸かし、砂糖、ニョクマム、レモン汁を入れる。砂糖が溶けたら、火からおろしてあら熱をとる。

❷ジッパー付き食品保存袋に❶を入れ、半熟ゆでたまごと種をとった赤唐辛子を加えたら、余分な空気を抜きながら袋の口を閉じる。

❸冷蔵庫で1時間ほどおくと食べられる。

ベトナム料理に欠かせない「ニョクマム」は、魚介類に塩を加えて発酵させた独特の風味の調味料。日本の魚醤、タイのナムプラーなどと同様の発酵食品。好き嫌いが分かれる個性的なうま味がありますが、たまごと合わせるとマイルドで親しみやすい味になるから不思議。ラーメンや野菜炒め、炒飯などのアクセントにおすすめです。

ニョクマム
煮たまごを
使って

バインセオ

ベトナム風お好み焼き"に
煮たまごをプラスして
ヘルシーブランチ

材料（2人分）

バインセオの生地

- 米粉 ……… 25g
- 薄力粉 ……… 50g
- 塩 ……… 少々
- ターメリックパウダー ……… 小さじ½
- ココナッツミルク ……… 125mℓ
- 水 ……… 50mℓ

もやし（根切り）……… ½パック
豚ばら肉 ……… 100g
むきえび ……… 100g
酒 ……… 大さじ1
米油 ……… 適量
ニョクマム ……… 小さじ½
塩、こしょう ……… 各適量
ニョクマム煮たまご ……… 2個
ニョクマム煮たまごの漬け汁 ……… 適量
サラダ菜、パクチー
……… 各適量

つくり方

❶ボウルに米粉、薄力粉、塩、ターメリックパウダーを入れて混ぜ、ココナッツミルク、水を加えて泡立て器でよく混ぜる。

❷もやしは洗い、水気をきる。豚ばら肉はひと口大に切る。むきえびは酒をふってもんでおく。

❸フライパンに米油（小さじ1くらい）を熱し、❷の豚ばら肉とむきえびを中火で炒め、ニョクマムで味付けをしてとり出す。

❹洗って少量の米油をひいたフライパンに、❶の生地を半量流し込み、薄くのばして中火で焼く。

❺生地の表面がふつふつと泡立ってきたら、手前に❷、❸をのせてふたをして弱火で約2分蒸し焼きにする。

❻鍋肌から米油（小さじ1くらい）を流し入れて火を強め、生地の端がカリッとしたら輪切りにしたニョクマム煮たまごをのせて半月型に折る。

❼❻を器に盛り付け、サラダ菜、パクチーとニョクマム煮たまごの漬け汁を添える。

❽バインセオを食べやすい大きさに切り、パクチーと一緒にサラダ菜で巻いて、煮たまごの漬け汁をつけながらいただく。

煮たまご de 世界旅行！

Thailand

グリーンカレー煮たまご

エスニックカレー風味で親しみやすく、クセになる味に

材料（2～4個分）

半熟ゆでたまご（ゆで時間6分30秒）……… 2～4個

グリーンカレーペースト……… 1パック（約50g）
ココナッツミルク……… 1缶（約400㎖）
ナムプラー……… 大さじ1
砂糖……… 小さじ2
米油……… 大さじ1
ハーブティー（レモングラス入りのティーバッグ）
……… 1個

相性が悪いはずがない、カレー風味の煮たまご。今回はエスニックカレーの代表選手、タイのグリーンカレーを漬け汁に使いました。お好みの具材を加えればそのままカレーとして楽しめるように液体は多めにしています。カレー以外には、コロッケやエビフライなどの揚げ物に添えるのもおすすめです。

つくり方

つくり方

❶フライパンに米油を中火で熱し、グリーンカレーペーストを入れて焦がさないように炒める。

❷香りが立ったら、ココナッツミルク、ナムプラー、砂糖、ハーブティーのティーバッグを加えて煮る。

❸ひと煮立ちしたら、ふたをして火からおろしそのまま15分ほどおく。

❹あら熱がとれたら、ジッパー付き食品保存袋に入れて半熟ゆでたまごを加え、余分な空気を抜きながら袋の口を閉じて冷蔵庫で保存する。1時間ほどで食べられる。

❶

❷

❸

グリーンカレー煮たまご
動画はこちらから！

グリーンカレー
煮たまごを
使って

えびとたけのこのグリーンカレー

人気のエスニックカレーも煮たまご効果で辛さがマイルド！

材料（２人分）

えび……… 6尾

たけのこ（水煮）……… 60g

米油……… 小さじ2

グリーンカレー煮たまご……… 2個

グリーンカレー煮たまごの漬け汁……… 全量

ジャスミンライス（白飯でも可）……… 340～350g

パクチー……… 適量

つくり方

❶えびは、尾を残して殻をむき背わたをとる。たけのこはひと口大に切って熱湯でサッとゆでる。

❷フライパンに米油を熱して❶を炒め、グリーンカレー煮たまごの漬け汁を全量加えてひと煮立ちさせる。

❸器にジャスミンライスを盛り、❷をかけてお好みの大きさに切ったグリーンカレー煮たまごを添え、パクチーを飾る。

煮たまご de 世界旅行！

France

フレンチマヨネーズ煮たまご

永遠の名コンビ！ たまご&マヨネーズのマリアージュ

材料（2個分）

半熟ゆでたまご（ゆで時間6分30秒）……… 2個

漬け汁

マヨネーズ ……… 大さじ2

アンチョビー（フィレ）……… 1枚

レモン汁 ……… 小さじ2

ディル ……… 1枝

マスタード ……… 小さじ1

つくり方

❶アンチョビーは、包丁で細かくきざんでたたく。ディルは葉をちぎって細かくきざむ。

❷ジッパー付き食品保存袋にマヨネーズ、レモン汁、マスタード、❶を入れてよく混ぜる。

❸❷に半熟ゆでたまごを入れて軽くなじませ、余分な空気を抜きながら袋の口を閉じて冷蔵庫で保存する。漬けてから30分程度で食べられる。1～2時間漬けると漬け汁がたまごによりなじむ。

まさに王道！ 安定感No.1のコンビが、ゆでたまご&マヨネーズ。アンチョビーやディルを加えて、よりフランス風のテイストにしました。漬け時間は短くてOK。トーストしたパンや、ゆで野菜などに添えるだけでも充分においしいので、常備しておくと便利です。

フレンチ
マヨネーズ
煮たまごを
使って

アスパラ＆ベーコン
フレンチ煮たまご添え

煮たまごをくずしてソースのように楽しむ一品

材料（２人分）

アスパラガス ……… ６本
塩 ……… 適量
ベーコン ……… ３枚
フレンチマヨネーズ煮たまご
　……… １～２個
ディル（あれば）……… 少々

つくり方

❶アスパラガスは下 1㎝を切り落とし、皮の硬い部分をピーラーでむき、熱湯で1分ゆでる。
❷熱したフライパンでベーコンをカリカリになるまで炒め、とり出す。
❸❷のフライパンに、そのまま❶を入れて転がしながら中火で炒め、ベーコンの風味をまとわせる。火が通ったらとり出す。
❹フレンチマヨネーズ煮たまごは、乱切りにする。漬け汁も器にとっておく。
❺器にアスパラガスを盛り付け、ベーコンを添えて❹の煮たまごをのせ、ちぎったディルの葉を飾る。お好みで漬け汁をかけていただく。

フレンチ
マヨネーズ
煮たまごを
使って

クロックマダム

休日のブランチに楽しみたいボリューミーなサンドウィッチ

材料（1人分）

マッシュルーム……2個
食パン（6枚切り）……2枚
バター……大さじ1
ベシャメルソース（市販）……50g
ハム（スライス）……1枚
スライスチーズ（とろけるタイプ）
……2枚
フレンチマヨネーズ煮たまご……2個

つくり方

❶マッシュルームは石づきをとり、薄く切る。フレンチマヨネーズ煮たまごは、冷蔵庫から出して常温に戻しておく。
❷食パン2枚の片面に薄くバターを塗り、ベシャメルソースを均一に塗る。
❸❷の1枚にハムをのせて❶のマッシュルームを散らし、もう1枚のパンではさむ。
❹❸の上にチーズをのせてオーブントースターに入れ、チーズがとけてパンにこんがりと焦げ目が付くまで6～7分焼く。
❺❹を半分に切って器に盛り付け、フレンチマヨネーズ煮たまごをのせ、くずしながら一緒にいただく。

煮たまご de 世界旅行！

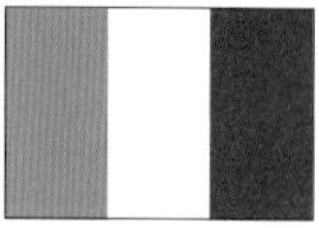

Italy

ジェノベーゼ煮たまご

バジルの香りとチーズの深みでリッチな味わいの煮たまごに

材料（2個分）

半熟ゆでたまご（ゆで時間6分30秒）……… 2個

漬け汁

バジル ……… 2パック（約25g）

くるみ（ローストしたもの）……… 15g

粉チーズ ……… 15g

EXVオリーブオイル ……… 100mℓ

塩 ……… 小さじ1¼

つくり方

❶バジルとくるみは、適当な大きさにきざむ。

❷すべての材料をミキサー（またはハンドブレンダー）にかけ、ペースト状になるまでかく拌する。

❸ジッパー付き食品保存袋に❷を入れ、半熟ゆでたまごを加えて軽くなじませ、余分な空気を抜きながら袋の口を閉じる。

❹冷蔵庫で1時間ほどおくと食べられる。

漬け汁は煮たまごと一緒にソースとして使うため、多めにつくります。上記の材料に、お好みでにんにく少々を加えてもgood。パスタのソースにしたり、魚のグリルに添えたりすると見た目も華やかです。じゃがいもと相性が良いので、サッとゆでたじゃがいもとあえるのも簡単でおすすめです。

ジェノベーゼ
煮たまごを
使って

じゃがいもと ジェノベーゼ煮たまごの パスタ

ジェノベーゼ&じゃがいもの 北イタリア風パスタ

材料（1人分）
じゃがいも……½個
ショートパスタ（フジッリ）……80g
ジェノベーゼ煮たまご……1個
ジェノベーゼ煮たまごの漬け汁……大さじ3～4
バジル……適量

つくり方
❶ショートパスタ（今回はフジッリ）を袋の表示通りにゆでる。じゃがいもは皮をむいて1cm角に切り、やわらかくなるまでゆでる。
❷ジェノベーゼ煮たまごの漬け汁をボウルに入れ、ゆであがったパスタとじゃがいもを加えてあえる。
❸❷を器に盛り付け、ひと口大に切った煮たまごを添えバジルを飾る。

めかじきの
香草パン粉焼き

ハーブの香りは白身魚、
鶏とも好相性
ワインにもよく合う一品

ジェノベーゼ
煮たまごを
使って

材料（2人分）
めかじき……… 2切れ
塩、こしょう……… 各適量
A ┌ ミックスハーブ（ドライ。お好みのもの）
　 │ ……… 小さじ1
　 │ パン粉……… 大さじ3
　 └ ピュアオリーブオイル……… 小さじ2
レモン（¼カット）……… 2切れ
付け合わせ野菜（お好みのもの）……… 各適量
ピュアオリーブオイル……… 小さじ2
ジェノベーゼ煮たまご……… 2個
ジェノベーゼ煮たまごの漬け汁……… 適量

つくり方
❶めかじきは、塩、こしょうで下味を付ける。Aは合わせておく。
❷❶のめかじきにAをまぶす。
❸フライパンにオリーブオイルを熱し、❷の両面がきつね色になるまで焼く。
❹❸を器に盛り付け、半分に切ったジェノベーゼ煮たまごを添え、漬け汁もソースとしてかける。
❺お好みの付け合わせ野菜（写真は紫キャベツ、チコリ、セルフィーユ）とレモンを添える。

USA

キャロットジンジャー煮たまご

アメリカ生まれのアジアンテイスト! サラダ感覚で楽しむ煮たまご

材料(2個分)

半熟ゆでたまご(ゆで時間6分30秒)

にんじん(すりおろし)……中½本分(約50g)
しょうが(すりおろし)……½かけ(約8g)
酢(あれば白ワインビネガー)……大さじ1
はちみつ……小さじ2
塩……小さじ½
こしょう……適量
EXVオリーブオイル……45mℓ

アメリカの日本食レストランで人気の、「キャロットジンジャードレッシング」を使った煮たまご。このドレッシング、実はアメリカ生まれの和風ドレッシングでもあり、にんじんの甘味としょうがのアクセントが親しみやすい味わいです。食べるときは、漬け汁ごとサラダとして楽しむのが一番のおすすめ。シンプルなグリーンサラダに添えるだけで、彩り鮮やかなごちそうサラダの完成です。

つくり方

つくり方

❶にんじん、しょうがはすりおろす(しょうがは、市販のチューブ入りを使っても良い)。
❷ボウルに酢(お好みのもの。あれば白ワインビネガー)、はちみつ、塩、こしょうを入れてよく混ぜ、EXVオリーブオイルを少しずつ加えて乳化させる。
❸❷に❶を加えて混ぜ、味を見て足りなければ塩、こしょうで味を調える。
❹❸をジッパー付き食品保存袋に入れ、半熟ゆでたまごを加えて軽くなじませ、余分な空気を抜きながら袋の口を閉じる。冷蔵庫で保存し、1〜3時間で食べられる。

❷

❸

❹

キャロット
ジンジャー
煮たまごを
使って

コブサラダ

カラフル&ヘルシー！
盛り付けにもこだわりたいごちそうサラダ

材料（つくりやすい分量）

鶏むね肉 ……… ⅓枚（約80g）
塩 ……… ひとつまみ
アボカド ……… ½個
レタス ……… 3枚
ナチュラルチーズ（あればブルーチーズ）
……… 50g
ミニトマト ……… 8個
ひよこ豆（水煮、ミックスビーンズでも可）
……… 50g
キャロットジンジャー煮たまご ……… 1個
キャロットジンジャー煮たまごの
漬け汁 ……… 適量

つくり方

❶鶏むね肉は表面にフォークなどで穴をあける。
❷鍋に湯を沸かして塩を加え、鶏むね肉を入れる。再度沸騰したら火を止め、ふたをしてそのまま冷ます。
❸❶は水気をとって1㎝角に切る。
❹アボカド、レタス、チーズもそれぞれ1㎝角に切る。ミニトマトは、ヘタを取って½（大きめの場合は¼）に切る。ひよこ豆は水気をきる。
❺キャロットジンジャー煮たまごは、縦⅙のくし型に切る。
❻❸、❹、❺を皿にストライプ状に並べ、煮たまごの漬け汁をかける。

煮たまご de 世界旅行!

Mexico

トマトサルサ煮たまご

フレッシュ＆スパイシーなメキシカンテイスト

材料（2個分）

半熟ゆでたまご（ゆで時間6分30秒）……… 2個

トマト……… ½個（約80g）
ピーマン……… 小1個
たまねぎ……… ⅓個（約30g）
パクチー……… 1株（約8g）
にんにく……… ½かけ
塩……… 小さじ¼
タバスコ……… お好みで
レモン汁……… ½個分

メキシコ料理に欠かせない、スパイシーなトマトサルサを煮たまごに。漬け汁も一緒に、サラダ感覚で楽しめます。煮たまごをくずしてチップスのディップにしたり、鶏肉や牛肉などの肉料理にかけたりするほか、揚げ物に添えるのもおすすめ。トマトのフレッシュ感がポイントで、時間が経つと水分が出てくるので食べる時間に合わせて仕上げましょう。

つくり方

❶トマトは5㎜角に切る。ピーマンは、種をとって粗みじん切りにする。たまねぎ、パクチー、にんにくはみじん切りにする。

❷ボウルに❶と塩、タバスコ、レモン汁を入れてよく混ぜる。

❸ジッパー付き食品保存袋に❷を入れ、半熟ゆでたまごを加えて余分な空気を抜きながら袋の口を閉じる。冷蔵庫で30分〜1時間ほどおくと食べられる。

トマトサルサ煮たまご&チップス

トマトサルサ煮たまごを使って

フライドポテト、野菜にも！
あると便利なお手軽ディップ

材料（お好みの分量で）

トルティーヤチップス、ポテトチップスなど……お好みの量
トマトサルサ煮たまご……1個
トマトサルサ煮たまごの漬け汁……適量

つくり方

❶トマトサルサ煮たまごを、漬け汁ごと器に盛る。煮たまごはフォークなどでくずすとチップスにからみやすい。

❷お好みのチップス（トルティーヤチップス、ポテトチップス、野菜のチップスなど）に❶を添え、ディップしながら楽しむ。

煮たまごのせタコライス

煮たまごをくずして、豪快に混ぜながら楽しんで！

材料（1人分）

レタス……1枚

スライスチーズ……2枚（約30g）

ピュアオリーブオイル……大さじ½

にんにく（すりおろし）……小さじ½

牛ひき肉……80g

チリパウダー……小さじ¼

こしょう、しょうゆ……各少々

ごはん……150g

トマトサルサ煮たまご……1個

トマトサルサ煮たまごの漬け汁……適量

トマトケチャップ、レモン汁……それぞれお好みで

つくり方

❶レタス、スライスチーズは細切りにする。

❷フライパンにオリーブオイルをひいて弱火でにんにくを炒め、香りが立ったら牛ひき肉を加えて中火で炒め、チリパウダー、こしょう、しょうゆで味を調える。

❸器にごはんを盛り付け、❶をのせてトマトサルサ煮たまごの漬け汁をたっぷりとかけ、❷の牛ひき肉、トマトサルサ煮たまごをのせる。お好みでトマトケチャップをかけたり、レモン汁を絞ったりしてもおいしい。

煮たまご de 世界旅行！

Japan

ゆずこしょう煮たまご

爽やかな辛味がきいた煮たまごでいつものおひたしがごちそうに！

材料（2個分）

半熟ゆでたまご（ゆで時間6分30秒）……… 2個

漬け汁

だし（お好みのもの）……… 大さじ4

ゆずこしょう ……… 小さじ1½

薄口しょうゆ ……… 小さじ⅔

つくり方

❶だし、ゆずこしょう、薄口しょうゆをジッパー付き食品保存袋に入れてよく混ぜ合わせる。

❷❶に半熟ゆでたまごを加えて軽くなじませ、余分な空気を抜きながら袋の口を閉じる。

❸冷蔵庫で1時間ほどおくと食べられる。しっかり味をなじませたい場合はひと晩おくと良い。途中で袋の面を返して、漬け汁を均一に行き渡らせるのがポイント。

ゆずこしょうの爽やかな辛味が、たまごのマイルドな味わいとよく合います。青菜のおひたしや豆腐、納豆などに加えるとほど良いアクセントに。塩味が強めなので、漬けすぎに注意。

ゆずこしょう
煮たまごを
使って

ほうれん草のおひたし

爽やかな辛味とマイルドなたまごで
いつものおひたしがごちそうに！

材料（つくりやすい分量）

ほうれん草……1把

A
- だし（お好みのもの）……200mℓ
- 薄口しょうゆ……大さじ1
- みりん……大さじ1⅓
- かつおぶし……適量

ゆずこしょう煮たまご……1個

つくり方

❶Aのひたし地を鍋に合わせて火にかけ、ひと煮立ちしたら冷ましておく（電子レンジを使う場合は、耐熱性の容器に入れて500Wで約2分30秒加熱する）。

❷ほうれん草はよく洗い、熱湯で軸からゆでて水にさらし、水分を絞って❶に約1時間漬ける。

❸ゆずこしょう煮たまごは、漬け汁がついたまま粗くきざむ。

❹❷を食べやすい大きさに切って器に盛り、❸とかつおぶしを添えていただく。

煮たまご de 世界旅行!

Japan

梅肉煮たまご

ほんのりピンク色、食欲をそそる酸味がクセになる

材料(2個分)

半熟ゆでたまご(ゆで時間6分30秒)……… 2個

漬け汁

だし(お好みのもの)
……… 大さじ2

梅干し……… 2個

塩……… 少々

つくり方

❶梅干しは、種をとって実を包丁でたたく。
❷❶とだし、塩をジッパー付き食品保存袋に入れて混ぜ合わせ、半熟ゆでたまごを加えてからめ、余分な空気を抜きながら袋の口を閉じる。
❸冷蔵庫で約1時間おくと食べられる。しっかりと味をなじませたい場合はひと晩おくと良い。途中で袋の面を返し、漬け汁を均一に行き渡らせるときれいに仕上がる。

梅肉でほんのりとピンク色に染まった煮たまごは、酸味とたまごのマイルドな味わいのバランスが良く、暑い季節にもさっぱりと食べられます。梅干しは、甘味の強いものよりも、酸味と塩味がしっかりあるものがおすすめ。

梅肉
煮たまごを
使って

とろろオクラそうめん

ネバネバ&梅肉煮たまごは
食欲のない季節にもぴったり!

材料(1人分)

オクラ……2本
長いも……50g
A┌ だし……100mℓ
　│ 塩……少々
　│ みりん……大さじ½
　└ 薄口しょうゆ……大さじ1⅓

そうめん……2把(100g)
すだち……½個
梅肉煮たまご……1個

つくり方

❶さっと水洗いしたオクラに塩をまぶし、まな板の上に置いて塩(分量外)をふり、手で軽く転がして表面をなめらかにする。
❷❶を熱湯でゆでて水にさらし、包丁で細かくたたく。長いもは皮をむいてすりおろす。
❸Aを鍋に合わせてひと煮たちさせ、冷ます。
❹❷をボウルに入れ、❸を少しずつ加えてのばし冷蔵庫で冷やす。
❺熱湯でそうめんをゆで、冷水にとってよくもんでぬめりをとったら、水気をきって器に盛り付ける。
❻❹をかけ、梅肉煮たまごを漬け汁とともに添える。あればすだち(くし切りにしたレモンでも良い)を添える。

煮たまご de 世界旅行！

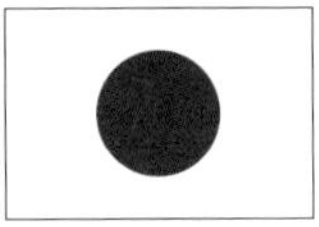

Japan

麦みそ煮たまご

やさしい甘味が懐かしいおいしさ

材料（2個分）

半熟ゆでたまご（ゆで時間6分30秒）……… 2個

漬け汁

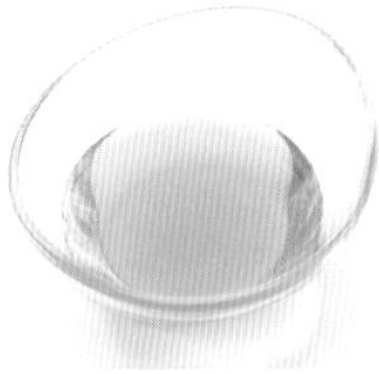

麦みそ ……… 大さじ1

だし（お好みのもの） ……… 大さじ1

はちみつ ……… 小さじ1

しょうが（すりおろし） ……… 小さじ1

つくり方

❶ジッパー付き食品保存袋に、麦みそ、だし、はちみつ、しょうがのすりおろしを入れてよく混ぜ合わせる。
❷半熟ゆでたまごを加え、余分な空気を抜きながら袋の口を閉じる。
❸冷蔵庫でひと晩おく。途中で袋の面を返して、漬け汁が均等に行き渡るようにする。

甘味の強い麦みそを使った煮たまごです。みそは、お好みで色々な種類を使ってみても良いでしょう。ごはんと相性が良いのでおにぎりや丼に添えたり、しょうが焼きや豚しゃぶサラダ、鶏肉の照り焼きなど甘辛い味の料理に合わせると味の深みが増します。

ばくだんおにぎり

煮たまご入り特大おにぎりは
食べざかりのおやつにも！

麦みそ
煮たまごを
使って

材料（1個分）
ごはん……150g
麦みそ煮たまご……1個
のり……1枚（大判）

つくり方
❶まな板などの上にラップフィルムを広げ、のりを置く。
❷ごはんを❶の上に広げ、漬け汁をたっぷりからめた麦みそ煮たまごを中央に置き、ラップフィルムごと包んで丸型のおにぎりをにぎる。
❸くずれやすいので、ラップフィルムに包んだまましばらくおいて落ち着かせる。

※成型しにくい場合は、
丼など深めの器で
同じように
つくってみて！

豚こまみそ炒め丼

甘めの豚みそ炒めはキャベツで満足感をアップ

材料（2人分）

たまねぎ……½個

豚こま切れ肉……160g

米油

A
- 酒……大さじ2
- みそ……小さじ2
- 砂糖……小さじ2
- しょうゆ……小さじ1
- しょうが（すりおろし）……小さじ1

キャベツ（せん切り）……100g

ごはん……300g

麦みそ煮たまご……2個

麦みそ煮たまごの漬け汁……適量

つくり方

❶たまねぎは1㎝幅にスライスする。Aの材料を合わせておく。

❷フライパンに米油を熱し、中火で❶のたまねぎと豚こま切れ肉を炒める。たまねぎがしんなりして、豚肉が白っぽくなったらAを加えてからめながら炒める。

❸丼にごはんを盛り、キャベツ、❷の順にふわっと盛り付ける。

❹太めの輪切りにした麦みそ煮たまごをのせ、漬け汁もかける。

煮たまご de 世界旅行！

Japan

ウスターソース煮たまご

たまご&ウスターソースでニッポンの洋食にぴったりの味に

材料（２個分）

半熟ゆでたまご（ゆで時間6分30秒）……… ２個

調味料

ウスターソース
……… 大さじ2

レモン汁 ……… 小さじ2

からし（またはマスタード）
……… 小さじ½

つくり方

❶ジッパー付き食品用保存袋に、ウスターソース、レモン汁、からしを入れてよく混ぜ、半熟ゆでたまごを加えて余分な空気を抜きながら袋の口を閉じる。

❷冷蔵庫に入れて1時間ほどおくと食べられる。途中、袋の面を返して漬け汁が均一に行き渡るようにすると良い。

これぞニッポンの洋食！ と呼びたくなるウスターソースの煮たまご。ウスターソースの酸味、フルーティーな甘味、スパイシーな味わいが半熟ゆでたまごと合わさって、よりおいしさが増します。ハンバーグ、エビフライ、コロッケ、ナポリタン、ビーフシチューといった定番洋食とはもちろん、炊きたてのごはんにのせるだけでも大満足の味。

ウスターソース
煮たまごを
使って

ビーフハンバーグ

半熟煮たまごとハンバーグは永遠のベストセラー

材料（２人分）

ハンバーグ

- 牛ひき肉……250g
- たまねぎ……½個
- パン粉……20g
- 牛乳……50mℓ
- 溶きたまご……½個分
- 塩……小さじ½
- こしょう……適量
- ナツメグ……少々

オリーブオイル……適量

マッシュポテト（つくりやすい分量）

- じゃがいも……２個（約 300g）
- バター……15g
- 塩……適量
- 牛乳……50mℓ

ブロッコリー……¼株

ウスターソース煮たまご……1個

ウスターソース煮たまごの漬け汁……適量

つくり方

❶フライパンに少量のオリーブオイルを熱し、みじん切りにしたたまねぎを焦がさないように炒め、冷ましておく。付け合わせのブロッコリーは小房に分けてゆで、冷ましておく。

❷パン粉は牛乳にひたしておく。

❸ボウルに牛ひき肉、❶のたまねぎ、❷と、溶きたまご、塩、こしょう、ナツメグを入れて粘りが出るまでしっかりと練り混ぜたら、２等分にして小判型に成型する。

❹フライパンに少量のオリーブオイルをひいて中火で熱し、❸を並べて焼く。片面にほどよい焼き色が付いたら面を返し、ふたをして約 10 分蒸し焼きにする。

❺マッシュポテトをつくる。じゃがいもは皮をむいて適当な大きさに切り、鍋に入れてひたひたの水でゆでる。やわらかくなったら水をきり、鍋の中でマッシャーやフォークを使ってつぶす。

❻❺にバター、塩を加えて混ぜ合わせ、牛乳を少しずつ加えて混ぜながら、なめらかになるまでのばす。

❼器に❹を盛り付け、縦半分に切ったウスターソース煮たまごをのせてハンバーグの周囲に煮たまごの漬け汁をかける。ブロッコリーとマッシュポテトを添える。

ウスターソース
煮たまごを
使って

喫茶店のナポリタン

懐かしのケチャップ味に
まろやか煮たまごをからませて

材料（2人分）

たまねぎ……½個（約30g）
ピーマン……1個
ソーセージ……4本
マッシュルーム（スライス、水煮）
……50g
バター……10g
白ワイン（あれば）……大さじ3
スパゲッティ（1.7㎜）……160g
トマトケチャップ……大さじ6
塩、こしょう……各適量
パセリ（みじん切り）……適量
ウスターソース煮たまご……2個
粉チーズ、タバスコ……お好みで

つくり方

❶たまねぎは皮をむいて薄切りにする。ピーマンはへたと種をとりのぞき5㎜厚さの輪切りにする。ソーセージは1㎝幅の斜め切りにする。マッシュルームは水気をきる。スパゲッティを表示通りにゆではじめる。

❷フライパンにバターを入れて弱火にかけ、溶けたらたまねぎを中火でしんなりするまで炒め、ピーマン、ソーセージ、マッシュルームも加えて炒め合わせる。あれば、白ワインを加える。

❸ゆであがったスパゲッティを❷のフライパンに入れ、トマトケチャップを加えて炒め合わせ、塩、こしょうで味を調える。

❹❸を器に盛り付け、半分に切った煮たまごを添えパセリを散らす。お好みで粉チーズとタバスコをかけていただく。

煮たまごのおいしさは十人十色

たまごかけごはん、オムレツなど、たまごのおいしい食べ方はたくさんある中で、熱烈なファンを持つ煮たまご。おいしい煮たまごのつくり方は、これまでも料理本やレシピサイトで数多く紹介されてきましたが、最初から最後まで〝煮たまご一色〟という料理本は、おそらくこれが初めてだと思います。

私も子どもの頃からたまご料理は大好きですが、この本のために食べた煮たまごは、間違いなく自分史上最高の数でした！（笑）

それでも飽きずに食べ続けられたのは、煮たまごのおいしさが多彩だったから。どんな調味料とも相性が良く、料理を引き立ててくれる色々な味わいの煮たまごは、家庭料理にも高級レストランのひと皿にも、違和感なくなじんでしまうのが驚きでした。

煮たまご好きな人はもちろん、「たまにあったらいいな」という人にも、構えず気楽につくっていただけたらうれしいです。この本をぜひキッチンに置いて、汚れなんて気にせずじゃんじゃん使ってみてください。

そして、レシピ本なのにこんなことを言うのも変かもしれませんが、レシピ通りにきっちりやろうと頑張らなくても大丈夫。調味料の種類や分量は多少いい加減でも、不思議と味がまとまってしまう。それが、煮たまごの良いところでもあるのです。

源川暢子

ハンバーグ、ナポリタン、ポテトサラダにウスターソース煮たまごを添えて、“お子様ランチ風”のワンプレートにアレンジ。色々な煮たまごを盛り合わせても楽しい。

料理監修　吉田麻子
（p10〜21、p48〜109）

スタッフ

デザイン　佐藤芳孝（サトズ）
撮影　喜多剛士（喜多剛士写真事務所）
スタイリング　松本淳美（松本事務所）
アシスタント　片峯敦子、川端庸子（料理）
永井りか、里見雅子（スタイリング）
校正　吉田理佳
動画　佐藤優樹（AIP合同会社）
曾根愛寿可（日本経営センター）
編集協力　源川暢子

著者　源川暢子（みながわ・のぶこ）

料理好き、猫好きのフリーランスライター・編集者。出版社で料理百科事典の営業、飲食店向けの料理専門誌の編集に携わり2000年よりフリー。独立後は、料理をメインに月刊誌、書籍やWEBサイト、企業向けPR誌の企画・編集・ライティングなど幅広く活動。著書に、「六本木発ワールド・ダイニング」（日経BPコンサルティング）、「おいしい料理は愛情と工夫から」（日経BP社）がある。

料理のプロにこっそり教わる
簡単！ 絶品！ 毎日食べても 飽きない！
ごちそう煮たまご

2020年11月20日　初版第1刷発行
2021年1月12日　初版第2刷発行

著　者　源川暢子
発行人　津嶋　栄
発行　株式会社フローラル出版
〒163-0649　東京都新宿区西新宿1-25-1
新宿センタービル49F　＋OURS内
TEL：03-4546-1633（代表）
TEL：03-6709-8382（注文窓口）
注文用FAX：03-6709-8873
メールアドレス：order@floralpublish.com
出版プロデュース　株式会社日本経営センター
出版マーケティング　株式会社BRC
印刷・製本　株式会社光邦

ISBN978-4-910017-09-9　C2077